A A A A A A A A

A A A A A A A A

a a a a a a a a a

a a a a a a a a a

Apple

Angry

Ant

A a

Alligator

B B B B B B B B

B B B B B B B B

b b b b b b b b

b b b b b b b b

Bee

Baby

Banana

C C C C C C C C

C C C C C C C C

C C C C C C C C C

C C C C C C C C C

Clock

Cat

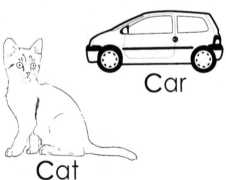

Car

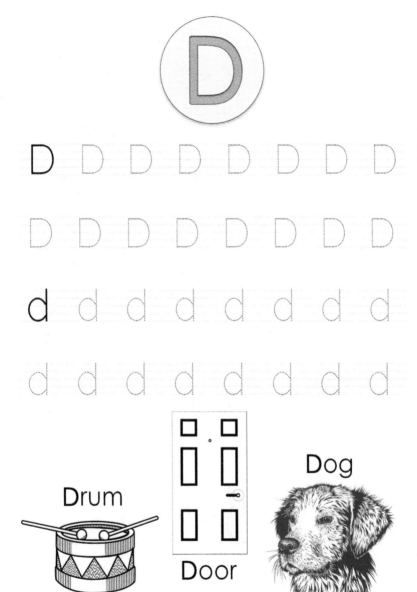

D d

Duck

E E E E E E E E E

E E E E E E E E E

e e e e e e e e e

e e e e e e e e e

Elephant

Egg

Eye

E

Elephant

F F F F F F F F F

F F F F F F F F F

f f f f f f f f f

f f f f f f f f f

Flower

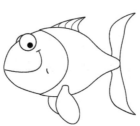

Fish

Football

G G G G G G G G

G G G G G G G G

g g g g g g g g

g g g g g g g g

Guitar

Giraffe

Girl

H H H H H H H
H H H H H H H

h h h h h h h
h h h h h h h

Hand

House

Horse

H h

Horse

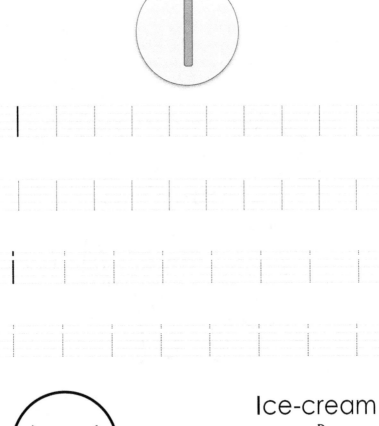

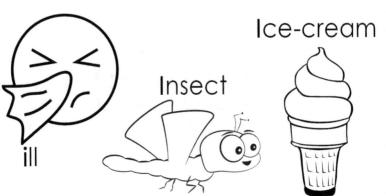

ill Insect Ice-cream

Iguana

J

J

j

j

Juice

Jaguar

Jacket

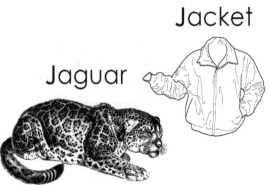

Jaguar

K

K K K K K K K

K K K K K K K

k k k k k k

k k k k k k

King

Key

Kangaroo

Koala

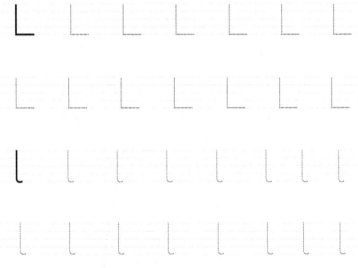

Lamp

Lion

Lock

M M M M M M
M M M M M M

m m m m m
m m m m m

Mouth

Monkey

Money

Monkey

N   N   N   N   N   N

N   N   N   N   N   N

n   n   n   n   n   n

n   n   n   n   n   n

Ninja

Nest

Nail

Numbat

Penguin

R R R R R R

R R R R R R

r r r r r r

r r r r r r

Rabbit

Rose

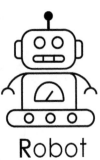
Robot

Rhinoceros

S s s s s s
s s s s s s
s s s s s s
s s s s s s

Star

Snake

Socks

S S

Sheep

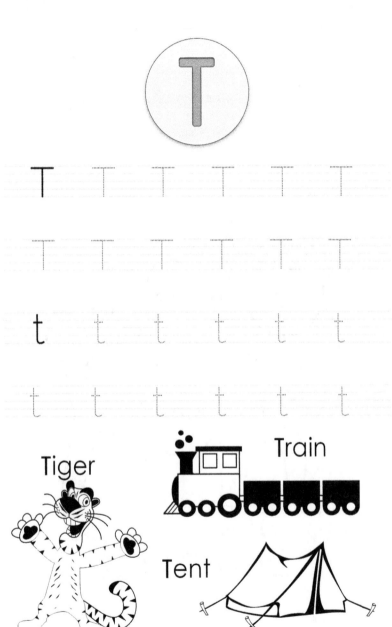

T t

Tiger

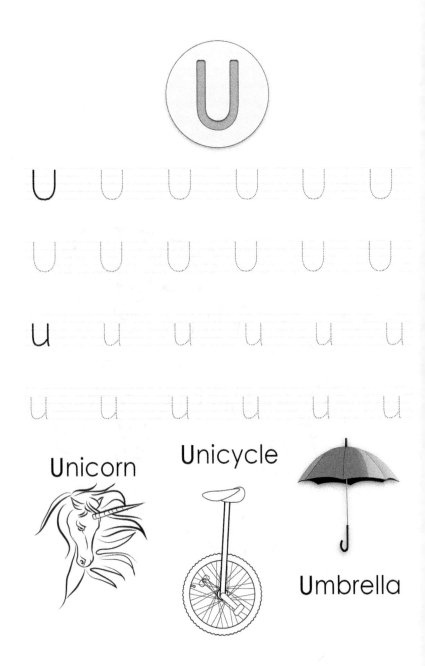

U   U

Unicorn

Vampire bat

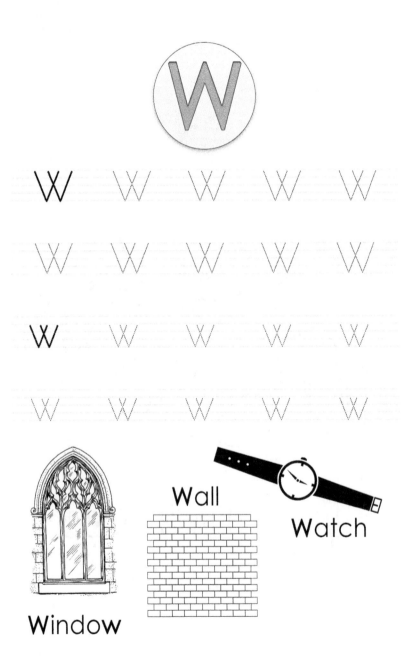

Whale

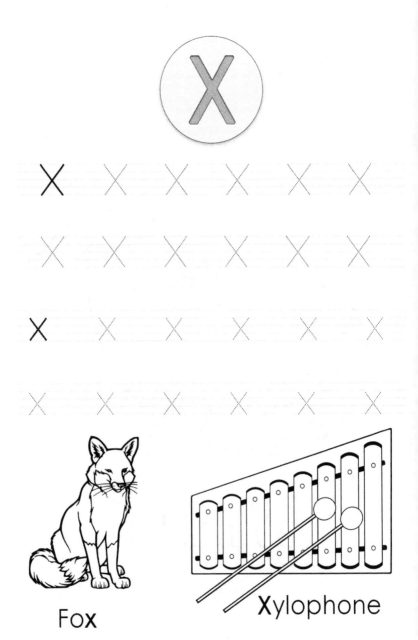

Xerus

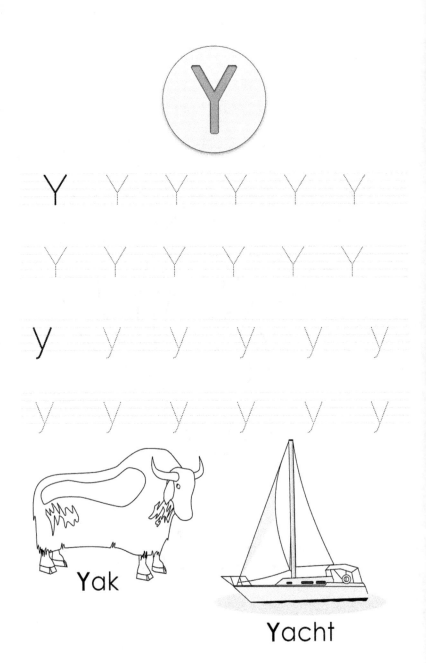

Yak

Z z z z z z

z z z z z z

Z z z z z z

z z z z z z

Zigzag

Zebra

z   z

zebra

www.ingramcontent.com/pod-product-compliance
Lightning Source LLC
LaVergne TN
LVHW020740221224
799685LV00037B/1800